AF257977

LES

PECHES MIGNONS

DE

LA RÉPUBLIQUE

PAR

Pierre Valin

Prix : **10** Centimes

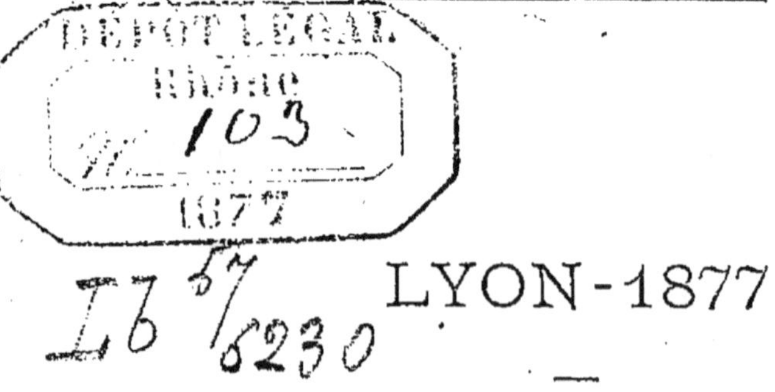

LYON-1877

En vente chez les Libraires.

I

LES
PÉCHÉS MIGNONS
DE
LA RÉPUBLIQUE

Mon cher Jean Guêtré,

C'est pendant la veillée, au coin du feu, que je t'écris ; un âpre vent d'hiver souffle dehors et se brise en gémissant à tous les angles des rues de la ville ; il fait bon, par ce temps-là, s'enfermer dans son étroit logis, en tête-à-tête avec ses livres et ses journaux. Tout en tisonnant, ce soir, la houille fumeuse qui se consume sans éclat dans la grille de ma cheminée, je me suis mis à songer qu'à pareille heure, la bûche de chêne ou de sapin flambe et pétille joyeusement dans l'âtre de ta rustique habitation du hameau du Bois-Vert, en dessinant sur les murailles grises les reflets de ses grandes flammes qui semblent des ombres fantastiques dansant des farandoles au rhythme de la voix de ta femme Jeanne, tendre mère, qui chantonne doucement pendant la veillée, pour endormir ton dernier fils au berceau, tout en faisant tourner ses fuseaux légers.

Quel charme dans les veillées champêtres, si paisibles, si calmes ! Il leur manque seulement d'être remplies par quelques lectures qui remplaceraient les contes à dormir debout qu'on y fait pour passer le temps. Cette réflexion m'a inspiré l'idée de t'écrire.

La lecture de mes lettres occupera tes veillées oisives, et, à cause de la sympathique amitié qui nous lie, elles t'intéresseront, je crois, davantage que les récits de revenants et de lutins, dont le sorcier de la Hutte-aux-Hiboux ne tarit point lorsqu'il vient, de dix heures à minuit, s'asseoir à ton foyer.

Mais de quoi t'entretiendrai-je ?

A ce propos, il me souvient que tu m'as souvent exprimé le désir d'augmenter ton bagage scientifique trop léger, consistant en ce simple savoir qu'Olivier de Serres a si bien dénommé le *ménage des champs*. Il te plairait assurément d'être instruit sur la science historique, philosophique, économique et sociale, dont tu ignores les premiers éléments nécessaires à tout citoyen pour le guider dans sa conduite civique, fût-il autant que Jean Guêtré pétri de bon sens naturel.

C'est donc de cette science que je t'entretiendrai.

Il se trouve justement que j'ai parmi mes livres, les œuvres de Michelet, Louis Blanc, Thiers, Cabet, Voltaire, Jean-Jacques Rousseau, Proudhon, Say, de Lavergne, etc. etc, toute la pléiade de nos historiens, philosophes, économistes les plus éminents, sans compter les publicistes contemporains qui, dans vingt journaux et publications diverses, que j'ai là sur ma table, agitent et résolvent parfois avec autant de sens que de talent les questions actuelles.

De toutes ces richesses de ma bibliothèque, il me sera facile d'extraire les matériaux des quelques lettres — une douzaine environ — que je veux écrire pour toi, afin d'en former l'embryon de ta bibliothèque, où tu trouveras, non certes la science infuse, mais de consciencieux et utiles enseignements, tels qu'on n'en saurait trop répandre parmi la démocratie rurale.

Ce qui concerne la République est une des choses sur lesquelles il t'importe le plus d'être instruit. Profitant de ton ignorance en histoire, les aigrefins qui te circonviennent, quand ils peuvent, de leurs paroles artificieuses, ont peuplé ton esprit d'une foule d'erreurs, comme les nuits noires sont peuplées de vains fantômes et de spectres hyperboliques. L'ont-ils assez défigurée à tes yeux cette pauvre République? De combien de crimes, d'iniquités, de terreurs ils te l'ont montrée inséparable, comme une déité belle à ravir, sans doute, mais qui ne saurait apparaître sans être accompagnée de deux monstres, le bourreau sanglant et le proscripteur farouche; de deux dévergondées, ayant jeté leurs bonnets par-dessus les moulins, l'anarchie et la banqueroute; et de tout un cortége de nains hideux et de géants terribles.

Pour médire ainsi de la République, ils se sont mis à trois : Heurtefort, le hobereau légitimiste, Clochepot, l'épicier orléaniste enrichi, César Poche-Percée, l'agent plébiscitaire en disponibilité, sans compter le curé de ton village, ultramontain renforcé, qui ne se gêne point à l'occasion, même du haut de la chaire à prêcher, pour traiter la République comme la pire pécheresse.

D'où vient l'acharnement de tout ce monde contre la République? D'où vient qu'ils défigurent, dans leurs discours, l'histoire au gré de leurs passions ?

Je vais te le dire, et tu verras après si tu dois les écouter.

Ce qui les rend irréconciliables avec la République, ce ne sont point, comme ils affectent de le dire, les excès révolutionnaires ; toutes nos révolutions n'ont pas commis des excès : celles du 24 février 1848 et du 4 septembre 1870 en sont vierges, et néanmoins ils les honnissent tout autant que la Révolution de 93.

D'ailleurs, si nos quatre contempteurs de la République avaient une telle horreur des excès qu'ils le témoignent, ils seraient encore moins monarchistes que républicains, car l'histoire de la monarchie contient des pages plus sanglantes, plus épouvantables que celles de notre première Révolution, et surtout de moins excusables ; par exemple, le massacre des Albigeois, la St-Barthélemy, les dragonnades, l'assassinat du duc d'Enghien, les tueries de St-Méry et de Lyon, les fusillades du Deux-Décembre, dont cependant Heurtefort, Clochepot, César Poche-Percée et ton curé n'ont pas tenu rigueur à la monarchie.

Puisque ce ne sont point des excès que les adversaires de la République exècrent en elle, qu'est-ce donc ?

Eh ! ce sont des péchés vraiment mignons, mais très-graves à leurs yeux, et dont ils ne peuvent se décider à l'absoudre.

Ainsi, Heurtefort, ni même ton curé, ne sauraient pardonner à la République d'avoir délivré le peuple de la féodalité.

Quoiqu'il ne se soit pas écoulé un siècle depuis cette délivrance, la démocratie rurale n'a déjà plus une idée bien précise de l'immensité du service que lui a rendu la première Révolution en l'arrachant au régime féodal.

Ce qu'était au juste ce régime, le paysan s'en doute à

peine. La féodalité lui apparaît vaguement comme une chose bizarre, étrange, monstrueuse peut-être, dans l'ombre du passé; mais pour qu'il en découvre toutes les horreurs, il faut que sur cette ombre se projette la lumière du flambeau de l'histoire.

Je t'apporte ce flambeau, Jean Guêtré.

« La féodalité, dit un historien éminent, se traduisait pour le peuple en souffrances abominables. »

Elle violait tout à la fois le droit des personnes et celui de la propriété.

La terre, comme le cultivateur, était assujettie au seigneur. De là cet adage : *Nulle terre sans seigneur.*

Le cultivateur des biens de main-morte était attaché à la glèbe ; son servage était étroit, absolu. Le cultivateur de la propriété censuelle pouvait plus librement suer et ahaner sur sa terre roturière, mais à la condition d'abandonner au seigneur une forte partie des produits. En Forez, Lyonnais et Beaujolais, la redevance était du quart ou du cinquième. On appelait cette extorsion droit de quarte ou de cinquoise. — Combien le paysan qui la payait devait être oise.

Une seule propriété était réputée libre, la propriété de franc-alleu ; mais, en vertu de l'adage « Nulle terre sans seigneur, » la féodalité trouvait les moyens d'empiéter sur la liberté du franc-alleu.

En aggravation de l'inéquitable et arbitraire constitution de la propriété au siècle dernier, subsistaient les droits féodaux ou seigneuriaux.

« Ah! les jolis droits du seigneur. »

Ils pesaient inégalement sur les roturiers, mais lourdement sur tous, même le plus épargné, le paysan du franc-alleu ; pour le main-mortable, ils étaient l'inouï, l'enfer.

Parmi les droits innombrables, inhérents à la propriété, venaient en premier lieu les tailles de plusieurs espèces, et à merci ou à volonté, c'est-à-dire que le seigneur percevait quand il voulait et ce qu'il voulait.

Après les tailles, les dîmes, non seulement seigneuriales, mais aussi ecclésiastiques. — Souviens-toi de ces dîmes ecclésiastiques, Jean Guêtré, lorsque ton curé tonnera au prône contre la République, — lesquelles se percevaient sur tous les produits de la terre et des animaux, sur la moisson, le lait de la vache et de la chèvre, la toison de la brebis.

Dîmes et tailles faisaient cumul avec les redevances, le cens, le gros cens, le surcens, etc., etc., etc., le tout compliqué d'hommages d'une nature aussi excentrique qu'absurde : ainsi, il fallait que le paysan amenât au manoir un œuf sur une charrette attelée de quatre bœufs ou un serin solidement garotté sur une voiture attelée de quatre chevaux.

A la suite des redevances, surgissaient les corvées, les droits de garde et de guet, d'entretien de clôtures des châteaux. J'en passe, et des plus abusifs.

Quand le malheureux paysan avait acquitté tant de droits épuisants à son seigneur pour avoir le droit de subsister par son travail sur un lopin de terre, pouvait-il au moins ensuite disposer librement et tirer produit net du peu qui lui restait ?

Non.

D'abord, de par le droit de banvin, il ne pouvait vendre son vin avant que le seigneur eût vendu le sien.

Puis, voulait-il porter et écouler ses denrées au marché, il avait à compter avec une kyrielle de droits de péage, passage, pontonnage, barrage, chamage, pulvérage, caponage, sexterage, etc, etc. — L'énumération formerait seule une petite brochure.—La plupart de ces droits n'avaient d'autre raison d'être que celle d'avoir été consignés dans une charte par l'intelligent roi Dagobert, un cerveau à l'envers, comme tu le sais.

Mais ce n'était pas tout encore : de par les droits de banalité, le roturier ne pouvait moudre son grain à son moulin, cuire son pain à son four, fouler sa vendange à son pressoir, mais seulement à ceux du seigneur, moyennant beaux deniers.

Défense aussi au roturier d'avoir étalon dans son troupeau, lapins dans son clapier, pigeons dans sa fuie, et de chasser sur ses terres, même le gibier nuisible. Les loups décimaient le troupeau du paysan, les renards ses poules ; les lapins rongeaient les ceps de sa vigne, les arbres de son verger; les oiseaux mangeaient sa moisson : l'infortuné cultivateur devait regarder commettre tous ces dégâts les bras croisés, la chasse étant un privilége seigneurial qu'il aurait coûté cher de violer; témoin, ce paysan envoyé aux galères par le *bon* roi Henri (celui de la poule au pot) pour avoir tué un lapin.

Il n'est sorte de vexations que le régime féodal ne comportât. A certains jours, le roturier devait venir baiser la serrure, le cliquet ou le verrou du manoir; il devait encore, selon la fantaisie du seigneur, faire trois cabrioles, un saut devant l'église le jour de Pâques, danser une bourrée, jeter son chapeau au bout d'une perche en courant, imiter la marche d'un ivrogne, courir la quintaine et faire toutes jongleries et insanités susceptibles de dissiper les humeurs noires de son seigneur. La dame de celui-ci aimait-elle la

musique, il lui fallait chanter une chanson et donner l'au-
bade au point du jour. La nuit, il fallait battre l'eau des
marais pour empêcher les grenouilles de troubler le sommeil des gens du château.

Le droit de marquette, cuissage, ou pour parler clairement
le droit d'adultère, était le couronnement de tant d'ava-
nies, sans compter le droit infâme, assassin, affirmé par le
député Lapoule devant l'Assemblée constituante mais nié
par d'autres, il est vrai, qui permettait aux seigneurs de
certains cantons « de faire éventrer deux paysans, au re-
tour de la chasse, pour se délasser en plongeant leurs pieds
dans les entrailles sanglantes de ces malheureux. »

Tous les abus, toutes les exactions et vexations, tous les
crimes même, étaient possibles aux seigneurs sous le régime féodal ; rien ne limitait leur bon plaisir. « Pour le roturier frappé ou opprimé d'une manière quelconque par les
premiers, dit Dalloz, dans son traité du droit féodal, il n'y
avait pas de réparation ni de justice. » Dans la langue sei-
gneuriale, il existait un adage célèbre et significatif : *Entre
le seigneur et le vilain, il n'y a pas de juge fors Dieu.*

Tu vois, mon cher Jean Guêtré, par cet aperçu de la
féodalité, s'il était doux pour le paysan de vivre sous un tel
régime.

Quatre-vingt-neuf fit, selon l'expression d'un constituant,
« un immense abattis dans l'immense forêt des abus féodaux. »

Les premiers coups de hache furent portés par l'Assemblée constituante dans la mémorable nuit du 4 août. Un
des plus énergiques bûcherons fut un député breton, à
l'allure carrée, au geste rude. Il se nommait Leguen de
Kérendal. Il monta à la tribune, où il apparaissait pour la
première fois, en veste de paysan, et là, d'une voix forte,

vibrante, animée par la pensée des oppressions qu'engendrait la féodalité, il l'attaqua, dans son principe même, par ces paroles éloquentes :

« Qu'on nous apporte ici les titres qui outragent non-seulement la pudeur, mais l'humanité entière; qu'on nous apporte ces titres qui humilient l'espèce humaine en exigeant que les hommes soit attelés à une charette comme les animaux de labourage; qu'on nous apporte ces titres qui obligent les hommes à passer les nuits à battre les étangs pour empêcher les grenouilles de troubler le sommeil de leur voluptueux seigneur. »

On n'avait jamais entendu langage semblable à la tribune des Assemblées françaises. Aussi, à cette voix indignée du paysan breton, les applaudissements éclatent; un courant électrique parcourt les âmes, c'est un entraînement général. Les privilégiés eux-mêmes viennent à la tribune abdiquer leurs priviléges, et l'Assemblée passe la nuit à voter l'abolition des droits féodaux les plus oppressifs, y compris les priviléges écclésiastiques qui ne l'étaient pas beaucoup moins et parmi lesquels figuraient des droits perçus par les abbés, les évêques et même par la cour de Rome.

« Mais ces résolutions, dit un historien, avaient été arrêtées sous forme générale; il restait à les rédiger en décrèts et c'est alors que, le premier élan de générosité passé, chacun étant rendu à ses penchants, les uns devaient chercher à étendre, les autres à restreindre les concessions obtenues. La discussion devint vive et une résistance se manifesta. »

Louis XVI, dans une lettre qu'il écrivit le lendemain à l'archevêque d'Arles, condamna hautement le grand acte de justice accompli dans la nuit du 4 août et auquel tous les ordres avaient pris part, mais sur lequel la noblesse et le clergé etaient tentés de revenir.

Garat avait dit le lendemain de cette nuit : « L'arbre fameux de la féodalité qui couvrait la France entière a été abattu. » Mais cet arbre coupé et non déraciné allait repousser luxuriant, si la cour eût triomphé sur le peuple, si le 10 août n'eût sanctionné le 4 août. Il fallut la République, 92 et 93, pour déraciner absolument et faire disparaître tout vestige de féodalité.

Tu comprends bien maintenant, mon cher Jean Guêtré, pourquoi ton curé et Heurtefort sont tant irréconciliables avec la République et abominent sans cesse la Révolution. Notre première République les a dépouillés de droits et de priviléges qu'ils doivent regretter, étant donné l'égoïsme de la nature humaine. En outre, cette République a proclamé la liberté de conscience, dont ton curé ultramontain ne peut entendre parler.

Quant à Clochepot, l'épicier orléaniste enrichi, devenu gros rentier, opulent et important, c'est la deuxième République, née de la Révolution du 24 février, qui l'a offensé, et voici comment :

Sous le règne du bourgeois Louis-Philippe, du juste milieu, du parapluie-étouffoir, une nouvelle aristocratie avait été constituée, c'était la plus bête, la plus. ignoble, la plus insupportable de toutes : l'aristocratie des écus. Quiconque ne payait pas 200 francs de contributions n'était qu'un ilote et n'avait pas plus le droit de s'occuper des affaires de la France que de celles de la Chine. La démocratie était absolument réduite à l'ilotisme politique; les 99 centièmes des paysans, ceux qui possèdent les trois quarts du sol, heureusement morcelé depuis 93, ceux qui nourrissent la nation n'étaient pas électeurs; Jean Guêtré, l'utile et vaillant laboureur, et même Jacques Platon, le maître d'école, aussi instruit qu'intelligent, du hameau du Bois-Vert, n'avaient pas le droit de vote ; seul, cet oison de Clochepot était grand électeur par la vertu de ses écus, seul il contribuait à l'élection du député de la circonscription, auquel il donnait sa voix pour avoir l'honneur de dîner à sa table et de monter dans son carrosse.

Clochepot, grand électeur et, en outre, maire de la commune au temps où le cens existait même pour les élections municipales, est tombé, depuis l'institution du suffrage universel, du haut de tant de grandeurs. Cette chute a froissé son épaisse vanité. De là sa rancune contre la République.

Arrivons à présent à César Poche-Percée. Celui-là, qu'est-ce que la République a bien pu lui enlever ? De quoi a-t-elle pu le frustrer ? N'est-il pas homme de néant ?

Sans doute; et si César a perdu quelque chose à l'avénement de la République, ce ne sont pas les priviléges d'aucune aristocratie, de celle des parchemins ni de celle des écus, il n'est noble ni riche, il n'est pas sorti d'un château mais du ruisseau, et le nom de Poche-Percée qu'on lui a donné au village prouve assez que les écus sont rares dans son gousset.

Mais voilà, César à des appétits, et il trouvait à les satisfaire quand l'empire existait. Depuis l'avénement de la République, depuis que la pègre ne trône plus, ni au village ni aux Tuileries, Poche-Percée a été mis au rancart. Un gouvernement honnête n'a pas besoin d'agents véreux pour corrompre l'esprit public, de courtiers plébiscitaires pour racoler des suffrages, de pitres pour battre la grosse caisse dynastique. Sous un tel gouvernement, Poche-Percée ne saurait être satisfait; ses appétits restent inassouvis. De là sa colère contre le 4 Septembre, contre notre troisième République, qui menace d'être définitive et de rendre permanente la décadence, la *dèche*, comme il dit, où il est plongé.

Maintenant, les mobiles qui poussent les contempteurs de la République t'étant connus, il ne me reste, mon cher Jean Guêtré, qu'à te soumettre cette simple réflextion :

Si Heurtefort le légitimiste, ton curé l'ultramontain, Clochepot l'orléaniste et César Poche-Percée le bonapartiste ont des raisons particulières de ne point pardonner à la République d'avoir supprimé la féodalité, proclamé la liberté de conscience, mis fin à l'ilotisme et congédié la pègre du 2 Décembre, toi tu dois voir dans ces faits, tout à ton profit, non des péchés graves, mais, au contraire, des péchés mignons qu'il serait fort fâcheux que la République n'ait pas commis par amour pour le peuple, et qui doivent te la faire aimer davantage.

Ton ami,   PIERRE VALIN.

Lyon, le 24 février 1877.

Vᵉ Fr. Légagnez, impr., pet. r. de Cuire, 19 Croix-Rousse.

www.ingramcontent.com/pod-product-compliance
Lightning Source LLC
Chambersburg PA
CBHW062323070726
47596CB00009B/2804